AF390602

COLLECTION

DE

TABLEAUX

ET

DESSINS MODERNES

EXPOSITION LE VENDREDI 22 AVRIL 1864

VENTE

Le Samedi 23 Avril 1864

Mᵉ ESCRIBE, Commissaire-Priseur.
M. Francis PETIT, Expert.

RENOU ET MAULDE

IMPRIMEURS DE LA COMPAGNIE DES COMMISSAIRES-PRISEURS

Rue de Rivoli, 144.

CATALOGUE

D'UNE COLLECTION

DE

TABLEAUX

ET

DESSINS MODERNES

DONT LA VENTE AURA LIEU

HOTEL DROUOT

SALLE N° 7

Le Samedi 23 Avril 1864

A 2 HEURES 1/2 PRÉCISE

Par le ministère de **Me ESCRIBE**, Commissaire-Priseur,
rue Saint-Honoré, 217,

Assisté de **M. Francis PETIT**, Expert, rue de Provence, 43,

Chez lesquels se distribue le présent Catalogue.

EXPOSITION PUBLIQUE

Le Vendredi 22 Avril 1864, de une heure à cinq heures.

PARIS — 1864

CONDITIONS DE LA VENTE

—

Elle sera faite au comptant.

Les Acquéreurs paieront en sus des adjudications, CINQ ENTIMES PAR FRANC.

TABLEAUX

BELLY

1 — Paysage.

Hauteur, 29 c. Largeur, 41 c.

BONVIN

2 — Femme lisant près d'une bibliothèque.

H. 31 c. L. 21 c.

CHASSERIAU

3 — Diane au bain.

H. 56 c. L. 72 c.

COURBET

4 — Cerfs dans une forêt.

H. 80 c. L. 98 c.

COURBET

5 — Paysage près de la mer.

H. 33 c. L. 41 c.

DE CURZON

6 — Paysage italien, effet du soir.

H. 21 c. L. 29 c.

DAUBIGNY

7 — Environs d'Ecouen.

H. 11 c. L. 26 c.

Eug. DELACROIX

8 — Bouquet de fleurs dans un vase et fruits
placés sur une table(

H. 72 c. L. 92 c.

Eug. DELACROIX

9 — L'Éducation de la Vierge.

H. 93 c. L. 121 c.

Eᴜɢ. DELACROIX

10 — Cléopâtre. Un paysan lui apporte un aspic
caché dans un panier de figues.

H. 27 c. L. 35 c.

Eᴜɢ. DELACROIX

11 — Sujet tiré de Lélia.

H. 45 c. L. 37 c.

Eᴜɢ. DELACROIX

12 — Arabe chassant le lion.

H. 32 c. L. 40 c.

Eᴜɢ. DELACROIX

13 — Études de croupes de chevaux.

H. 47 c. L. 59 c.

Eᴜɢ. DELACROIX

14 — Jardin à Nohant.

H. 45 c. L. 37 c.

Eug. DELACROIX

15 — La Fiancée d'Abydos.

H. 33 c. L. 27 c.

Eug. DELACROIX

16 — Moines dans une grotte.

H. 24 c. L. 82 c.

DIAZ

17 — Chêne dans la forêt.

H. 40 c. L. 30 c.

FLERS

18 — Paysage et animaux.

Forme ronde.—Diamètre, 23 c.

Ed. FRÈRE

19 — Jeune Garçon dessinant.

H. 24 c. L. 19 c.

HOGUET

20 — Environs de Montmorency.

H. 66 c. L. 110 c.

LAMBERT

21 — Un Soir de chasse.

H. 26 c. L. 45 c.

TH. ROUSSEAU

22 — Mare dans un bois.

H. 14 c. L. 23 c.

SABATIER

23 — Intérieur de cour à Agen.

H. 21 c. L. 21 c.

ARY SCHEFFER

24 — La Tentation du Christ.

H. 73 c. L. 52 c.

« Le Diable le transporta sur une montagne fort haute; et lui montrant tous les royaumes du monde, il lui dit : Je vous donnerai toutes ces choses, si en vous prosternant devant moi vous m'adorez. »

SAINT MATTHIEU, ch. 24.

TASSAERT

25 — Jésus-Christ au Jardin des Oliviers.

H. 55 c. L. 44 c.

VILLEVIEILLE

26 — Pâturage.

H. 19 c. L. 25 c.

ZIEM

27 — Paysage.

H. 16 c. L. 13 c.

DESSINS

BONINGTON

28 — Vue de Mantes.

Aquarelle.

BONINGTON

29 — Le Port de Calais.

Aquarelle.

BONINGTON

30 — Le Château de Chillon.

Aquarelle.

BONINGTON

31 — Marine, soleil couchant.

Aquarelle.

BONVIN

32 — Jeune Fille lisant.

Dessin.

CHARLET

33 — La Halte au cabaret.

Aquarelle.

CHARLET

34 — Un Roulier.

Dessin à la plume.

DECAMPS

35 — Chasseurs à l'affut.

Aquarelle.

DECAMPS

36 — Le Semeur.

Dessin rehaussé.

DECAMPS

37 — Bucherons dans la forêt.

Dessin rehaussé.

DECAMPS

38 — Un Supplicié.

Dessin rehaussé.

DECAMPS

39 — Les petits Pêcheurs.

Dessin.

Eug. DELACROIX

40 — L'Éducation d'Achile.

Pastel

Eug. DELACROIX

41 — Portrait d'Adam Mickiewicz.

Dessin.

Eug. DELACROIX

42 -- Cavalier arabe galopant.

Aquarelle.

Eug. DELACROIX

43 — Tigre prêt à s'élancer.

Aquarelle.

Eug. DELACROIX

44 — Étude pour une figure de Parque.
Souvenir d'une filandière de Nohant.

Sépia.

Eug. DELACROIX

45 — Un Tigre.
Croquis fait sur un papier à musique annoté par Chopin.
Dessin à la plume.

Eᴜɢ. DELACROIX

46 — Jardin à Nohant.

Dessin.

Eᴜɢ. DELACROIX

47 — Étude de Femme mauresque.

Dessin à la plume.

Eᴜɢ. DELACROIX

48 — Paysage.

Croquis à la plume.

Eᴜɢ. DELACROIX

49 — Deux croquis à la plume.

Eᴜɢ. DELACROIX

50 — Fragment d'une composition, d'apr. Rubens :
l'Adoration des Mages.

Dessin.

FLERS

51 — Paysage, soleil couchant.

Aquarelle.

MARILHAT

52 — Paysage d'Orient.

Aquarelle.

MEISSONIER

53 — Deux Hallebardiers.

Dessin à la plume.

MEISSONIER

54 — Jeune Homme lisant.

Dessin.

MEISSONIER

55 — Bonheur paternel.

Dessin.

MILLET

56 — Paysanne brûlant des herbes.

Dessin.

ZIEM

57 — Paysage, moulin.

Aquarelle.

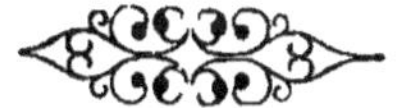

Renou et Maulde, Imprimeurs de la Compagnie des Commissaires-Priseurs
rue de Rivoli 144.   31350